Impressum
Verlag: BABADADA GmbH, Nedderfeld 112 , 22529 Hamburg
Geschäftsführer / Verlagsleitung: Harald Hof
Druck: Books on Demand GmbH, In de Tarpen 42, 22848 Norderstedt

Imprint
Publisher: BABADADA GmbH, Nedderfeld 112 , 22529 Hamburg, Germany
Managing Director / Publishing direction: Harald Hof
Print: Books on Demand GmbH, In de Tarpen 42, 22848 Norderstedt, Germany

ystafell ddosbarth
salle de classe

rhannu
diviser

186/2

bwrdd
tableau noir

iard ysgol
cour de récréation

athro
enseignant

papur
papier

ysgrifennu
écrire

pen
stylo

desg
bureau

pren mesur
règle

llyfr
livre

disgybl
élève

bag ysgol

sac d'école

blwch penseli

trousse

pensil

crayon

peth rhoi min ar bensil

taille-crayon

rwber

gomme

pad arlunio

carnet à dessin

llun

dessin

brws paent

pinceau

blwch paent

boîte de peinture

siswrn

ciseaux

glud

colle

llyfr ysgrifennu

cahier d'exercices

gwaith cartref

tâches

rhif

chiffre

ychwanegu

additionner

tynnu

soustraire

lluosi

multiplier

cyfrifo

calculer

llythyren

lettre

gwyddor

alphabet

gair

mot

testun

texte

darllen

lire

sialc

craie

gwers

leçon

cofrestr

livre de classe

arholiad

examen

tystysgrif

certificat

gwisg ysgol

uniforme scolaire

addysg

formation

gwyddoniadur

lexique

prifysgol

université

microsgop

microscope

map

carte

basged papur gwastraff

corbeille à papier

ysgol - école

gwesty
hôtel

hostel
auberge

swyddfa gyfnewid
bureau de change

cês dillad
valise

car
voiture

iaith
langue

ie / na
oui / non

iawn
d'accord

helo
Salut

cyfieithydd
interprète

Diolch yn fawr
merci

faint yw ...?

Combien coûte...?

Dw i ddim yn deall

Je ne comprends pas

problem

problème

Noswaith dda!

Bonsoir!

Bore da!

Bonjour!

Nos da!

Bonne nuit!

hwyl

Au revoir

cyfarwyddyd

direction

bagiau

bagages

bag

sac

gwarbac

sac-à-dos

gwestai

hôte

ystafell

pièce

sach gysgu

sac de couchage

pabell

tente

gwybodaeth i ymwelwyr

office de tourisme

traeth

plage

cerdyn credyd

carte de crédit

brecwast

petit-déjeuner

cinio

déjeuner

swper

dîner

tocyn

billet

lifft

ascenseur

stamp

timbre

ffin

frontière

tollau

douane

llysgenhadaeth

ambassade

fisa

visa

pasbort

passeport

awyren
avion

llong
navire

injan dân
véhicule de pompiers

lori
camion

bws
bus

cwch modur
bateau à moteur

beic
bicyclette

car
voiture

fferi

ferry

cwch

barque

beic modur

moto

car yr heddlu

voiture de police

car rasio

voiture de course

car wedi'i rentu

voiture de location

rhannu car

autopartage

lori tynnu

dépanneuse

lori ysbwriel

benne à ordures

modur

moteur

tanwydd

essence

gorsaf betrol

station d'essence

arwydd traffig

panneau indicateur

traffig

trafic

tagfa draffig

embouteillage

maes parcio

parking

gorsaf drennau

gare

traciau

rails

trên

train

tram

tram

wagen

wagon

hofrennydd

hélicoptère

maes awyr

aéroport

tŵr

tour

teithiwr

passager

cynhwysydd

container

paced

carton

cert

chariot

basged

corbeille

esgyn / glanio

décoller / atterrir

dinas

ville

pentref

village

canol y ddinas

centre-ville

tŷ

maison

sinema
cinéma

hysbyseb
publicité

golau stryd
réverbère

CINEMA

stryd
rue

tacsi
taxi

siop byrbrydau
kiosque

cerddwr
piéton

palmant
trottoir

croesfan
carrefour

croesfan sebra
passage piéton

bin
poubelle

goleuadau traffig
feux de circulation

cwt
cabane

fflat
appartement

gorsaf drennau
gare

neuadd y dref
mairie

amgueddfa
musée

ysgol
école

prifysgol

université

banc

banque

ysbyty

hôpital

gwesty

hôtel

fferyllfa

pharmacie

swyddfa

bureau

siop lyfrau

librairie

siop

magasin

siop flodau

fleuriste

archfarchnad

supermarché

farchnad

marché

siop adrannol

grand magasin

siop bysgod

poissonnerie

canolfan siopa

centre commercial

harbwr

port

parc
parc

banc
banque

pont
pont

grisiau
escaliers

rheilffordd danddaearol
métro

twnnel
tunnel

safle bws
arrêt de bus

bar
bar

bwyty
restaurant

blwch post
boîte à lettres

arwydd stryd
panneau indicateur

mesurydd parcio
parcomètre

sŵ
zoo

pwll nofio
réverbère

mosg
mosquée

dinas - ville

fferm
ferme

llygredd
pollution

mynwent
cimetière

eglwys
église

maes chwarae
aire de jeux

teml
temple

tirwedd
paysage

deilen
feuille

arwydd cyfeirio
panneau indicateur

ffordd
chemin

dôl
pré

carreg
pierre

coeden
arbre

heiciwr
randonneur

afon
rivière

glaswellt
herbe

blodyn
fleur

cwm

vallée

bryn

montagne

llyn

lac

coedwig

forêt

anialwch

désert

llosgfynydd

volcan

castell

château

enfys

arc-en-ciel

madarchen

champignon

palmwydden

palmier

mosgito

moustique

pryf

mouche

morgrugyn

fourmis

gwenyn

abeille

pryf copyn

araignée

tirwedd - paysage

chwilen

scarabée

llyffant

grenouille

gwiwer

écureuil

draenog

hérisson

ysgyfarnog

lapin

tylluan

chouette

aderyn

oiseau

alarch

cygne

baedd

sanglier

carw

cerf

elc

élan

argae

barrage

tyrbin gwynt

éolienne

panel haul

panneau solaire

hinsawdd

climat

gweinydd
serveur

bwydlen
menu

cadair
chaise

cawl
soupe

pitsa
pizza

lliain bwrdd
nappe

cyllyll a ffyrc
services

cwrs cyntaf
hors d'œuvre

prif gwrs
plat principal

pwdin
dessert

diodydd
boissons

bwyd
alimentation

potel
bouteille

bwyd cyflym

fast-food

bwyd y stryd

plats à emporter

tebot

théière

powlen siwgr

sucrier

dogn

portion

peiriant espresso

machine à expresso

cadair plentyn

chaise haute

bil

facture

hambwrdd

plateau

cyllell

couteau

fforc

fourchette

llwy

cuillère

llwy de

cuillère à thé

napcyn

serviette

gwydr

verre

plât

assiette

plât cawl

assiette à soupe

soser

soucoupe

saws

sauce

pot halen

salière

melin bupur

moulin à poivre

finegr

vinaigre

olew

huile

sbeisys

épices

saws coch

ketchup

mwstard

moutarde

mayonnaise

mayonnaise

cynnig arbennig
offre promotionnelle

cwsmer
client

cynnyrch llaeth
produits laitiers

ffrwythau
fruits

troli
caddie

siop gig

boucherie

siop fara

boulangerie

pwyso

peser

llysiau

légumes

cig

viande

Bwyd wedi'i rewi

aliments surgelés

cig oer

charcuterie

bwyd tun

conserves

powdr golchi

poudre à lessive

da-da

bonbons

cynnyrch cartref

articménagers

cynhyrchion glanhau

détergents

gwerthwraig

vendeuse

til

caisse

ariannwr

caissier

rhestr siopa

liste d'achats

oriau agor

heures d'ouverture

waled

portefeuille

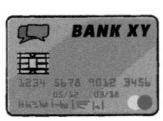

cerdyn credyd

carte de crédit

bag

sac

bag plastig

sac en plastique

dŵr
eau

sudd
jus de fruit

llefrith
lait

côc
coca

gwin
vin

cwrw
bière

alcohol
alcool

coco
chocolat chaud

te
thé

coffi
café

espresso
expresso

cappuccino
cappuccino

ffrwchledd

banane

afal

pomme

oren

orange

melon

melon

lemwn

citron

moronen

carotte

garlleg

ail

bambŵ

bambou

nionyn

oignon

madarchen

champignon

cnau

noisettes

nwdls

pâtes

sbageti

spaghettis

reis

riz

salad

salade

sglodion

frites

tatws wedi'u ffrïo

pommes de terre rôties

pitsa

pizza

hambyrger

hamburger

brechdan

sandwich

cytled

escalope

ham

jambon

salami

salami

selsig

saucisse

cyw iâr

poulet

rhost

rôti

pysgodyn

poisson

ceirch uwd

flocons d'avoine

miwsli

muesli

creision ŷd

cornflakes

blawd

farine

croissant

croissant

bynsen

petits-pains

bara

pain

tost

pain grillé

bisgedi

biscuits

menyn

beurre

ceuled

fromage blanc

teisen

gâteau

wy

œuf

wy wedi'i ffrïo

œuf au plat

caws

fromage

hufen iâ

glace

siwgr

sucre

mêl

miel

jam

confiture

siocled taenu

crème nougat

cyri

curry

ffermdy
ferme

bwrn gwellt
botte de paille

ysgubor
grange

maes
champ

ceffyl
cheval

ôl-gerbyd
remorque

tractor
tracteur

ebol
poulain

asyn
âne

dafad
mouton

oen
agneau

gafr
chèvre

buwch
vache

llo
veau

mochyn
porc

porchell
porcelet

tarw
taureau

gwydd

oie

hwyaden

canard

cyw

poussin

iâr

poule

ceiliog

coq

llygoden fawr

rat

cath

chat

llygoden

souris

ych

bœuf

ci

chien

cwt ci

chenil

pibell ddŵr

tuyau de jardin

can dŵr

arrosoir

pladur

faucheuse

aradr

charrue

cryman

faucille

fforch chwynu

pioche

picwarch

fourche

bwyell

hache

berfa

brouette

cafn

cuve

tun llefrith

pot à lait

sach

sac

ffens

clôture

stabl

étable

tŷ gwydr

serre

pridd

sol

hedyn

semences

gwrtaith

engrais

dyrnwr medi

moissonneuse-batteuse

cynaeafu

récolter

cynhaeaf

récolte

iamau

igname

gwenith

blé

soi

soja

tysen

pomme de terre

grawn

maïs

had rêp

colza

coeden ffrwythau

arbre fruitier

manioc

manioc

grawnfwydydd

céréales

simnai
cheminée

to
toit

peipen law
gouttière

ffenestr
fenêtre

garej
garage

cloch y drws
sonnette

drws
porte

bin sbwriel
poubelle

blwch post
boîte aux lettres

gardd
jardin

lolfa

salon

ystafell ymolchi

chambre de bain

cegin

cuisine

ystafell wely

chambre à coucher

ystafell plentyn

chambre d'enfant

ystafell fwyta

salle à manger

llawr

sol

wal

mur

nenfwd

plafond

seler

cave

sawna

sauna

balconi

balcon

teras

terrasse

pwll

piscine

peiriant torri gwair

tondeuse à gazon

taflen

fourre de duvet

gorchudd gwely

couette

gwely

lit

ysgub

balai

bwced

sceau

swits

interrupteur

papur wal
papier peint

lamp
lampe

llun
image

silff
étagère

cwpwrdd
armoire

lle tân
cheminée

teledu
télé

blodyn
fleur

clustog
coussin

soffa
canapé

fâs
vase

rheolydd o bell
télécommande

carped
tapis

llen
rideau

bwrdd
table

cadair
chaise

cadair siglo
chaise à bascule

cadair freichiau
fauteuil

llyfr
livre

blanced
couverture

addurn
décoration

coed tân
bois de chauffage

ffilm
film

hi-fi
chaîne hi-fi

agoriad
clé

papur newydd
journal

darlun
peinture

poster
poster

radio
radio

llyfr nodiadau
bloc-notes

hwfer
aspirateur

cactws
cactus

cannwyll
bougie

oergell
frigo

popty micro-don
four à micro-ondes

clorian gegin
balance de cuisine

tostiwr
toasteur

gwlybwr
détergent

rhewgist
compartiment congélateur

popty
four

bin sbwriel
poubelle

peiriant golchi llestri
lave-vaisselle

popty
four

pot
casserole

pot haearn bwrw
marmite

wok / kadai
wok/kadai

padell
poêle

tegell
bouilloire électrique

sosban stemio

cuiseur vapeur

hambwrdd pobi

plaque de cuisson

llestri

vaisselle

mwg

gobelet

powlen

bol

gweill bwyta

baguettes

lletwad

louche

ysbodol

spatule

chwisg

fouet

hidlydd

passoire

gogr

tamis

gratiwr

râpe

morter

mortier

barbeciw

barbecue

tân agored

cheminée

bwrdd torri cig

planche à découper

rholbren

rouleau à pâtisserie

tynnwr corcyn

tire-bouchon

tun

boîte

peth agor tuniau

ouvre-boîte

clwt pot

maniques

sinc

lavabo

brws

brosse

sbwng

éponge

peiriant cymysgu

mixeur

rhewgell

congélateur

potel babi

biberon

tap

robinet

cegin - cuisine

gwres
chauffage

cawod
douche

tywel
serviette

llen gawod
rideau de douche

baddon ewyn
bain moussant

baddon
baignoire

gwydr
verre

peiriant golchi
machine à laver

teils
carrelage

tap
robinet

potyn
pot

sinc
lavabo

tŷ bach
....
toilettes

toiled cyrcydu
....
toilette à turque

bidet
....
bidet

troethfa
....
urinoir

papur tŷ bach
....
papier toilette

brws tŷ bach
....
brosse à toilette

brws dannedd

brosse à dents

past dannedd

dentifrice

edau ddannedd

fil dentaire

golchi

laver

cawod llaw

douche manuelle

golchfa

douche intime

basn

vasque

brws-ôl

brosse dorsale

sebon

savon

gel cawod

gel douche

siampŵ

shampooing

gwlanen

gant de toilette

ffos

écoulement

hufen

crème

diaroglydd

déodorant

drych

miroir

drych llaw

miroir cosmétique

rasel

rasoir

ewyn eillio

mousse à raser

sent eillio

après-rasage

crib

peigne

brws

brosse

sychwr gwallt

sèche-cheveux

chwistrell gwallt

laque pour cheveux

colur

fond de teint

minlliw

rouge à lèvres

farnais ewinedd

vernis à ongles

gwlân cotwm

ouate

siswrn ewinedd

coupe-ongles

persawr

parfum

bag ymolchi

trousse de toilette

stôl

tabouret

clorian

balance

gŵn baddon

peignoir

menig rwber

gants de nettoyage

tampon

tampon

tywel misglwyf

serviettes hygiéniques

toiled cemegol

toilette chimique

cloc larwm
réveil

tegan anwes
doudou

car tegan
voiture jouet

cleciwr
hochet

tŷ dol
maison de poupée

anrheg
cadeau

balŵn

ballon

gwely

lit

pram

poussette

pecyn o gardiau

jeu de cartes

jig-so

puzzle

comic

bande dessinée

brics Lego

pièces lego

blociau adeiladu

blocs de construction

ffigur gweithredu

figurine

babygro

grenouillère

ffrisbi

frisbee

ffôn symudol

mobile

gêm fwrdd

jeu de société

deis

dé

set model trên

train miniature

teth lwgu

sucette

parti

fête

llyfr lluniau

livre d'images

pêl

balle

dol

poupée

chwarae

jouer

pwll tywod

bac à sable

swing

balançoire

teganau

jouets

consol gemau fideo

console de jeu

beic tair olwyn

tricycle

tedi

ours en peluche

cwpwrdd dillad

armoire

dillad

vêtements

hosanau

chaussettes

hosanau

bas

teits

collant

sgarff
écharpe

gwregys
ceinture

ymbarél
parapluie

crys-t
t-shirt

esgidiau
bottes

sliperi
pantoufles

esidiau ymarfer
baskets

sandalau
....
sandales

esgidiau
....
chaussures

esgidiau rwber
....
bottes de caoutchouc

trôns
....
linge de corps

bra
....
soutien-gorge

fest
....
maillot de corps

dillad - vêtements

corff
body

trowsus
pantalon

jîns
jean

sgert
jupe

blows
chemisier

crys
chemise

pwlofer
pull

hwdi
pull-over à capuche

blaser
veste

siaced
veste

côt
manteau

côt law
imperméable

gwisg
costume

gŵn
robe

gwisg briodas
robe de mariée

siwt
costume

gŵn nos
chemise de nuit

pyjamas
pyjama

sari
sari

sgarff pen
foulard

tyrban
turban

bwrca
burqa

cafftan
caftan

abaya
abaya

gwisg nofio
maillot de bain

trowsus nofio
costume de bain

siorts
cuissettes

tracwisg
tenue d'entraînement

ffedog
tablier

menig
gants

botwm

bouton

sbectol

lunettes

breichled

bracelet

cadwyn

collier

modrwy

bague

clustdlws

boucle d'oreille

cap

bonnet

cambren

cintre

het

chapeau

tei

cravate

sip

fermeture éclair

helmed

casque

fframiau danedd

bretelles

gwisg ysgol

uniforme scolaire

gwisg

uniforme

bib

bavoir

teth lwgu

sucette

cewyn

couche

swyddfa
bureau

gweinydd
serveur

cwrpwrdd ffeilio
armoire d'archivage

argraffydd
imprimante

monitor
écran

papur
papier

desg
bureau

llygoden
souris

ffolder
classeur

bysellfwrdd
clavier

basged papur gwastraff
corbeille à papier

cyfrifiadur
ordinateur

cadair
chaise

mwg coffi

tasse à café

cyfrifiannell

calculatrice

rhyngrwyd

internet

gliniadur

ordinateur portable

llythyr

lettre

neges

message

ffôn symudol

portable

rhwydwaith

réseau

llungopïwr

photocopieuse

meddalwedd

logiciel

teleffon

téléphone

soced plwg

prise

peiriant ffacs

fax

ffurflen

formulaire

dogfen

document

prynu

acheter

talu

payer

masnachu

marchander

arian

monnaie

doler

dollar

ewro

euro

yen

yen

rwbl

rouble

ffranc y Swistir

franc suisse

yuan renminbi

renminbi yuan

rwpi

roupie

peiriant arian

distributeur automatique

swyddfa gyfnewid

bureau de change

aur

or

arian

argent

olew

pétrole

ynni

énergie

pris

prix

contract

contrat

treth

taxe

stoc

action

gweithio

travailler

cyflogai

employé

cyflogwr

employeur

ffatri

usine

siop

magasin

swyddog heddlu
agent de police

diffoddwr tân
pompier

cogydd
cuisinier

meddyg
médecin

peilot
pilote

garddwr

jardinier

saer

menuisier

gwniadwraig

couturière

barnwr

juge

fferyllydd

chimiste

actor

acteur

gyrrwr bws

conducteur de bus

gyrrwr tacsi

chauffeur de taxi

pysgotwr

pêcheur

glanhawraig

femme de ménage

töwr

couvreur

gweinydd

serveur

heliwr

chasseur

paentiwr

peintre

pobydd

boulanger

trydanwr

électricien

adeiladwr

ouvrier

peiriannydd

ingénieur

cigydd

boucher

plymiwr

plombier

dyn y post

facteur

swyddi - professions

milwr

soldat

pensaer

architecte

ariannwr

caissier

gwerthwr blodau

fleuriste

triniwr gwallt

coiffeur

archwiliwr tocynnau
rheilffordd

contrôleur

mecanydd

mécanicien

capten

capitaine

deintydd

dentiste

gwyddonydd

scientifique

rabi

rabbin

imam

imam

mynach

moine

clerigwr

prêtre

swyddi - professions

morthwyl
marteau

gefail
pinces

tyrnsgriw
tournevis

sbaner
clé

fflashlamp
torche

turiwr

pelleteuse

blwch offer

boîte à outils

ysgol

échelle

llif

scie

hoelion

clous

dril

perceuse

trwsio

réparer

rhaw

pelle

Daria!

Mince!

rhaw lwch

pelle

pot paent

pot de peinture

sgriwiau

vis

offerynnau cerdd
instruments de musique

set drymiau
batterie

uchelseinydd
haut-parleur

gitâr
guitare

bas dwbl
contrebasse

trwmped
trompette

piano
piano

ffidil
violon

bas
basse

timpani
timbales

drymiau
tambour

cyweirfwrdd
piano électrique

sacsoffon
saxophone

ffliwt
flûte

meicroffon
microphone

mynediad
entrée

teigr
tigre

cawell
cage

sebra
zèbre

bwyd anifeiliaid
alimentation animale

panda
panda

anifeiliaid
animaux

eliffant
éléphant

cangarŵ
kangourou

rhinoseros
rhinocéros

gorila
gorille

arth
ours

camel

chameau

estrys

autruche

llew

lion

mwnci

singe

fflamingo

flamand rose

parot

perroquet

arth wen

ours polaire

pengwin

pingouin

siarc

requin

paun

paon

neidr

serpent

crocodeil

crocodile

gofalwr sŵ

gardien de zoo

morlo

phoque

jagwar

jaguar

merlyn

poney

llewpard

léopard

hipo

hippopotame

jiráff

girafe

eryr

aigle

baedd

sanglier

pysgodyn

poisson

crwban

tortue

walrws

morse

llwynog

renard

gafrewig

gazelle

pêl-droed America
american Football

beicio
cyclisme

tennis
tennis

pêl-fasged
basket-ball

nofio
natation

bocsio
boxe

hoci iâ
hockey sur glace

pêl-droed
football

badminton
badminton

athletau
athlétisme

pêl-law
handball

sgïo
ski

polo
polo

chwerthin
rire

neidio
sauter

cofleidio
embrasser

cerdded
marcher

canu
chanter

breuddwydio
rêver

gweddïo
prier

cusanu
faire la bise

ysgrifennu

écrire

tynnu

dessiner

dangos

montrer

gwthio

pousser

rhoi

donner

cymryd

prendre

bod gan

avoir

gwneud

faire

bod

être

sefyll

être debout

rhedeg

courir

tynnu

trier

taflu

jeter

disgyn

tomber

gorwedd

être couché

aros

attendre

cario

porter

eistedd

être assis

gwisgo amdanoch

s'habiller

cysgu

dormir

deffro

se réveiller

edrych ar

regarder

crïo

pleurer

anwesu

caresser

cribo

peigner

siarad

parler

deall

comprendre

gofyn

demander

gwrando

écouter

yfed

boire

bwyta

manger

tacluso

ranger

caru

aimer

coginio

cuire

gyrru

conduire

hedfan

voler

hwylio

faire de la voile

cyfrifo

calculer

darllen

lire

dysgu

apprendre

gweithio

travailler

priodi

se marier

gwnïo

coudre

brwsio dannedd

se brosser les dents

lladd

tuer

ysmygu

fumer

anfon

envoyer

nain
grand-mère

taid
grand-père

tad
père

mam
mère

baban
bébé

merch
fille

mab
fils

gwestai

hôte

modryb

tante

ewythr

oncle

brawd

frère

chwaer

sœur

talcen
front

llygad
œil

ysgwydd
épaule

bys
doigt

wyneb
visage

gên
menton

llaw
main

bron
poitrine

coes
jambe

braich
bras

baban
bébé

dyn
homme

gwraig
femme

geneth
fille

bachgen
garçon

pen
tête

cefn

dos

bel

ventre

bogail

nombril

bys troed

orteil

sawdl

talon

asgwrn

os

clun

hanche

pen-glin

genou

penelin

coude

trwyn

nez

pen ôl

fesses

croen

peau

boch

joue

clust

oreille

gwefus

lèvre

ceg

bouche

dant

dent

tafod

langue

ymennydd

cerveau

calon

cœur

cyhyr

muscle

ysgyfaint

poumons

iau

foie

stumog

estomac

arennau

reins

rhyw

rapport sexuel

condom

préservatif

ofwm

ovule

semen

sperme

beichiogrwydd

grossesse

corff - corps

mislif

menstruation

fagina

vagin

pidyn

pénis

ael

sourcil

gwallt

cheveux

gwddf

cou

ysbyty
hôpital

ambiwlans
ambulance

cadair olwyn
fauteuil roulant

torasgwrn
fracture

meddyg
médecin

ystafell argyfwng
service des urgences

nyrs
infirmière

argyfwng
urgence

anymwybodol
inconscient

poen
douleur

anaf

blessure

gwaedu

hémorragie

trawiad ar y galon

crise cardiaque

strôc

attaque cérébrale

alergedd

allergie

peswch

toux

twymyn

fièvre

ffliw

grippe

dolur rhydd

diarrhée

cur pen

mal de tête

canser

cancer

diabetes

diabète

llawfeddyg

chirurgien

fflaim

scalpel

gweithrediad

opération

CT
CT

pelydr-x
radiographie

uwchsain
échographie

mwgwd wyneb
masque

clefyd
maladie

ystafell aros
salle d'attente

bagl
béquille

plastr
pansement

rhwymyn
pansement

pigiad
injection

stethosgop
stéthoscope

elorwely
brancard

thermomedr clinigol
thermomètre

genedigaeth
accouchement

dros bwysau
surpoids

cymorth clyw

appareil auditif

diheintydd

désinfectant

haint

infection

firws

virus

HIV / AIDS

VIH / sida

meddygaeth

médicament

brechiad

vaccination

tabledi

tablettes

y bilsen

pilule

galwad frys

appel d'urgence

monitor pwysau gwaed

tensiomètre

yn sâl / yn iach

malade / sain

Help!

Au secours!

larwm

alarme

ymosodiad

agression

ymosodiad

attaque

perygl

danger

allanfa argyfwng

sortie de secours

Tân!

Au feu!

diffoddwr tân

extincteur

damwain

accident

pecyn cymorth cyntaf

trousse de premier secours

SOS

SOS

heddlu

police

Ewrop

Europe

Gogledd America

Amérique du Nord

De America

Amérique du Sud

Affrica

Afrique

Asia

Asie

Awstralia

Australie

Iwerydd

Océan atlantique

y Môr Tawel

Océan pacifique

Cefnfor yr India

Océan indien

Cefnfor yr Antarctig

Océan antarctique

Cefnfor yr Arctig

Océan arctique

Pegwn y Gogledd

Pônord

Pegwn y De

Pôsud

Antarctica

Antarctique

y Ddaear

terre

tir

pays

môr

mer

ynys

île

cenedl

nation

gwladwriaeth

état

wyneb cloc

cadran

bys awr

aiguille des heures

bys munud

aiguille des minutes

bys eiliad

aiguille des secondes

Faint o'r gloch yw hi?

Quelle heure est-il?

dydd

jour

amser

temps

yn awr

maintenant

cloc digidol

montre digitale

munud

minute

awr

heure

Dydd Llun
lundi

Dydd Mercher
mercredi

Dydd Gwener
vendredi

Dydd Sadwrn
samedi

Dydd Mawrth
mardi

Dydd Iau
jeudi

Dydd Sul
dimanche

ddoe

hier

heddiw

aujourd'hui

yfory

demain

bore

matin

canol dydd

midi

noswaith

soir

diwrnodiau busnes

jours ouvrables

penwythnos

week-end

glaw
pluie

enfys
arc-en-ciel

gwynt
vent

eira
neige

gwanwyn
printemps

hydref
automne

haf
été

gaeaf
hiver

rhagolygon y tywydd
météo

thermomedr
thermomètre

heulwen
lumière du soleil

cwmwl
nuage

niwl tew
brouillard

lleithder
humidité

mellt

foudre

taranau

tonnerre

storm

tempête

cenllysg

grêle

monsŵn

mousson

llif

inondation

iâ

glace

Ionawr

janvier

Chwefror

février

Mawrth

mars

Ebrill

avril

Mai

mai

Mehefin

juin

Gorffennaf

juillet

Awst

août

Medi

septembre

Hydref

octobre

Tachwedd

novembre

Rhagfyr

décembre

cylch

cercle

sgwâr

carré

petryal

rectangle

triongl

triangle

sffêr

sphère

ciwb

cube

llawer / ychydig

beaucoup / peu

dig / tawel

fâché / calme

hardd / hyll

joli / laid

dechrau / diwedd

début / fin

mawr / bach

grand / petit

llachar / tywyll

clair / obscure

brawd / chwaer

frère / sœur

glân / budr

propre / sale

gyflawn / anghyflawn

complet / incomplet

dydd / nos

jour / nuit

farw / yn fyw

mort / vivant

eang / cul

large / étroit

bwytadwy / anfwytadwy

comestible / incomestible

drwg / caredig

méchant / gentil

llawn cyffro / diflasu

excité / ennuyé

tew / tenau

gros / mince

cyntaf / olaf

premier / dernier

cyfaill / gelyn

ami / ennemi

llawn / gwag

plein / vide

caled / meddal

dur / souple

trwm / ysgafn

lourd / léger

wedi newynnu / yn sychedig

faim / soif

yn sâl / yn iach

malade / sain

anghyfreithlon / cyfreithiol

illégal / légal

deallus / twp

intelligent / stupide

chwith / dde

gauche / droite

agos / pell

proche / loin

ewydd / wedi'i ddefnyddio

nouveau / usé

dim / rhywbeth

rien / quelque chose

hen / ifanc

vieux / jeune

ymlaen / i ffwrdd

marche / arrêt

ar agor / ar gau

ouvert / fermé

tawel / uchel

faible / fort

cyfoethog / tlawd

riche / pauvre

cywir / anghywir

correct / incorrect

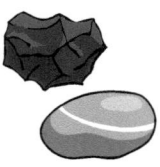

garw / llyfn

rugueux / lisse

trist / hapus

triste / heureux

byr / hir

court / long

araf / cyflym

lent / rapide

gwlyb / sych

mouillé / sec

cynnes / claear

chaud / froid

rhyfel / heddwch

guerre / paix

0

sero

zéro

1

un

un

2

dau

deux

3

tri

trois

4

pedwar

quatre

5

pump

cinq

6

chwech

six

7

saith

sept

8

wyth

huit

9

naw

neuf

10

deg

dix

11

un deg un

onze

12

un deg dau

douze

13

un deg tri

treize

14

un deg pedwar

quatorze

15

un deg pump

quinze

16

un deg chwech

seize

17

un deg saith

dix-sept

18

un deg wyth

dix-huit

19

un deg naw

dix-neuf

20

dau ddeg

vingt

100

cant

cent

1.000

mil

mille

1.000.000

miliwn

million

Saesneg

anglais

Saesneg America

anglais américain

Tsieinëeg Mandarin

chinois mandarin

Hindi

hindi

Sbaeneg

espagnol

Ffrangeg

français

Arabeg

arabe

Rwseg

russe

Portiwgaleg

portugais

Bengali

bengali

Almaeneg

allemand

Siapanaeg

japonais

fi
je

ti
tu

ef / hi
il / elle

ni
nous

chi
vous

nhw
ils / elles

pwy?
qui?

beth?
quoi?

sut?
comment?

ble?
où?

pryd?
quand?

enw
nom

y tu ôl i

derrière

yn / yng / ym / mewn

dans

o flaen

devant

dros

au-dessus

ar

sur

dan

en-dessous

wrth ochr

à côté de

rhwng

entre

lle

lieu